社会福祉を牽引する人物

城 純一

対談者 城 純一・塚口 伍喜夫
編集者 野嶋 納美・辻尾 朋子
企 画 NPO法人福祉サービス経営調査会

大学教育出版

刊行に際して

ＮＰＯ法人福祉サービス経営調査会では、福祉事業経営者支援の一環として、経営者のモデルとなるような方々を紹介する試みを始めました。その最初に取り上げたのが社会福祉法人神戸婦人同情会理事長の城純一氏であります。紹介方法は、当ＮＰＯ法人設立者の一人であり、初代理事長の塚口伍喜夫氏との対談を通して城純一氏の経営者像を浮かび上がらせていきました。同時に、時代背景を共にした塚口氏との関係も興味をそそられます。全体として大変意味深い内容となっております。多くの福祉経営者にぜひご一読いただきたいと切望いたしております。

ＮＰＯ法人福祉サービス経営調査会
理事長　笹山　周作

対談者として

ＮＰＯ法人福祉サービス経営調査会では、経営者援助の一環として、主として兵庫県内の社会福祉経営者の実像を紹介する試みを始めました。社会福祉法人の数だけ経営者がいるわけですが、その経営者は大きく二つのタイプに分けることができます。その一つは、二・三代前に創業者がいて、その創業者の理念や心意気を引き継いで現在の状況に適応させながら事業を発展させているタイプ。もう一つは、ここ十数年の間に新たに福祉事業に参入してきた経営者というタイプの二つです。

当ＮＰＯ法人では、そのタイプにとらわれることなく、社会福祉事業経営者として社会福祉の第一線を牽引されている方の経営に対する考え方や、経営者としての自己研鑽、職員集団の導き方、地域社会との関係の構築、将来の発展方向などを、対談方式で聞き出し、それをまとめ、その中から多くの教訓を学ぶことができるようこの試みを始めました。

第一回目に取り上げたのは、社会福祉法人神戸婦人同情会理事長の城純一氏です（以下

「純一」という)。奥さんの邦子氏も同席いただきました(二〇一五年八月三日、法人本部で)。
対談者は、NPO法人福祉サービス経営調査会顧問の塚口伍喜夫です。

二〇一七年一月

塚口　伍喜夫

社会福祉を牽引する人物　城純一

目次

社会福祉を牽引する人物　城　純一

社会福祉法人神戸婦人同情会法人本部にて対談（2015年８月３日）
写真左から城　純一さん、城　邦子さん、塚口伍喜夫さん

第1章

城純一の生い立ち、社会福祉の道に入った動機

塚口：私は、兵庫県社会福祉協議会事務局に入職した当時、小田直蔵参与（兵庫県社協の初代事務局長）(1)から兵庫県の社会事業先覚者の話をよく聞かされていました。その一人に城ノブさんがいました。城純一さんは、ノブさんの孫にあたられます。純一さんのお父さん、一男さんは兵庫県社会福祉施設経営者協議会（以下「経営協」という）の初代理事長で、私が社会福祉部長をしていた時ですから、施設経営やその今後の方向について多くを学ばせていただいた方です。純一さんは社会福祉法人神戸婦人同情会の三代

目に当たられます。純一さんが社会福祉の道に入られた動機などについてお聞かせください。

邦子：主人は絵描きになりたかったそうです。お兄さんが関西学院大学で社会福祉を勉強されていましたので、父・一男の後は、兄が継ぐものと思っていました。

塚口：なのになぜ純一さんが後を継ぐことになったのですか。

純一：兄が早く亡くなったからです。兄は関西学院大学文学部の社会事業学科で学んでいました。竹内愛二先生(2)の弟子として四年間勉強して卒業の年に交通事故で亡くなったのです。私は、中・高・大と絵を描いていました。作品は母と懇意にしていた小磯良平さん(3)に絵を見てもらっていました。その人は絵を教えないが絵を批評する人で、私の絵画については一定の評価をしてくれていました。それはそれとして、私は関西学院大学で国際関係論を学び、アメリカに留学していました。福祉とは関係ない分野を学んでいたので、その時点では福祉に進むことは考えていませんでした。

アメリカから帰国後、大阪の商社に勤めていましたが、三年後に母子寮の施設長をしていた母親が亡くなり、父親の頼みで母子寮の施設長になり福祉の仕事に就くことになりました。幼少の時から城ノブの仕事を近くで見ていましたので、直ぐに福祉の仕事に打ち込むことができました。

父親は、全国養護施設協議会の副会長や全国の種別協議会の役員をやっていました。そうしたこともあって経営協が発足した時に初代の会長になったのだと思います。

塚口：兵庫県の経営協の発足は昭和五十六年七月でした。発足時の加入施設は七十一施設くらいだったと思います。

純一：当時の加入率は高かったですね。現在の兵庫県は四十五パーセントぐらいで加入率が低いです。全国をみても四十パーセントぐらいです。私は兵庫県の経営協の理事を長くやっていて、今は監事ですが、全国の加入率の資料を見ると兵庫県は四十パーセント台、東京は二十パーセント、全国経営協の会長は加入率を四十パーセント以上にしたいと言っていますが、まだそこまでは到達していない状況です。父親も当時は、社会福祉法人の組織強化に努力していましたが、なかなか全国的には組織化が進まなかったようです。

二年ほど前から社会福祉法人に対する課税の問題で、全国経営協が中心となり各県の会長が地元の代議士に陳情したのですが、経営協の組織率がどのぐらいか聞いた時に四十パーセントと答えたら相手にされなかったと聞いています。

塚口：なぜ加入率が低いと思われますか。

純一：発足当初は高かったのですが、現在は法人の数が多くなり、各種別での活動が忙しいのではないでしょうか。全国老人福祉施設協議会や全国保育団体連絡会、全国児童養護施設協議会など全国組織の種別協議会に没頭していることや経営協のメリットが少ないことからではないかと考えます。

塚口：当初はお父さんの一男さんが表に出て活躍しておられました。その時は、純一さんはあまり表に出られなかったですね。それはなぜですか。

純一：芦屋市会議員をしていて、そちらが忙しかったからです。

塚口：話を元に戻しますが、福祉の道に進まれたきっかけはどのようなことですか。

純一：兄が亡くなって、母親が心臓に持病を持ちながら頑張っていました。その母親が昭和四十五年、海外旅行中に急遽入院したと連絡があって、アメリカから帰ってきた次の日に亡くなりました。兄と母親が亡くなって父親一人になりました。その時には施設が増えていたし、父親一人に全てを任せておくこともできず、自分は母親の後を継ぐという感じでこの道に入りました。社会福祉法人の事業も誰かが継がないといけない。父親一人ではできないし、父親の代で絶やすわけにはいかないと思いました。

塚口：勉強されていた国際関係論とは関連がないですね。

純一：父親も福祉に関係のない獣医師でした。カナダのトロント大学に留学後、兵庫県庁で技官をしていました。父親も自分も社会福祉の勉強をしていたわけではありません。本命は亡くなった兄・直和が日本の社会福祉学の草分けの一人であった関西学院大学社会事業学科の教授竹内愛二先生の弟子でした。兄の先輩には神戸市の最初の福祉専門職の小前千春さん(4)や関西学院大学の学長になられた武田建さん(5)も竹内先生のもとで学ぶ愛弟子でありつながりがありました。私は、直接は国際関係論を勉強していたのですが、日常的に兄の大学の人達や家族など、福祉に携わる人と接点が多くあったと思います。

本格的に社会福祉に打ち込んだのは、日本中央競馬福祉財団が海外に研修生を派遣するという事業があり、兵庫県社会福祉協議会の岩見事務局長から「行ってみるか？」と声をかけていただき、第二回生に選考され参加した以降のことです。昭和四十六年のことですから丁度四十五年前になります。

塚口：純一さんは、社会福祉とは関係の薄いエリアにおられましたが、お話のような経過があり、結果は、社会福祉に強くかかわるようになるのですが、何しろ社会福祉法人神戸婦人同情会は城ノブさんという偉大な先覚者が創設された法人です。
　お父さんは経営協の筋道をしっかり立てないといけないと、一生懸命になさっていた。経営者が近代的な社会事業をやっていくために、どのようにしないといけないのかということを常に考えておられた。

塚口：話は変わりますが、邦子さんとはいつ結婚されたのですか。

純一：今年で結婚五十一年目になります。邦子は社会福祉とは全く関係のない人でした。私の母親が亡くなってから社会福祉に関わり始めました。自分で保育士の資格を取り、介護福祉士、社会福祉士の国家資格も取得しました。大変な勉強家です。大学での専攻は英語学科でしたのにね。
　昔は、現在の場所ベル青谷に施設と何の境界線もなく自宅がありました。子どもの時から児童養護施設の子どもたちと遊んでいました。戦争が激しくなったので疎開をしました。当時、婦人同情会がもっていた大池という土地（神戸市北区）に城家の山小屋があってそこに疎開しました。父親は仕事の関係で青谷に残りました。大池への疎開は自分と母親と兄と施設の子どもたちも一緒でした。生まれたときから身近に施設の子どもたちがいました。住まいは違うが遊び友達であり、身近な存在でした。疎開先の土地は、神戸栄光教会の牧師の齋藤宗治さん(6)が近くにおられ、勧められて購入した所です。
　大学やアメリカ留学で勉強した事とは全然違う道に進んだのですが、やはり、城ノブのDNAを引き継いでいたのですね。ある日突然、母親が亡くなった事が契機で福祉の世界に入り、そして今日に至っているという感じですね。

塚口：私は、昭和三十八年三月に神戸YMCAのチャペルで結婚式を挙げたのですが、齋藤宗治さんに司祭を務めていただきました。何かご縁があるものですね。
　さて、城ノブさんの業績をたどりながら、その伝統をどのように受け止め、今日の状況に生かしていくかに話を進めたいと思います。

【注】

（1）兵庫県初の社会事業主事。兵庫県社協初代事務局長。
（2）元関西学院大学教授。アメリカに留学しケースワークなどソーシャルワークを研究。赤い羽根共同募金制度の創設に尽力。
（3）日本の昭和期に活躍した洋画家。

16

（4）神戸市の最初の福祉専門職。その後、神戸市の児童相談所の所長。
（5）関西学院大学学長。その後理事長にも就任。
（6）神戸栄光教会の牧師。社会福祉法人恵泉寮の創業者。

第2章

伝統を生かす

純一：神戸婦人同情会については、「城ノブの業績」の中で詳しく紹介されていますが、私もそれをなぞりながら意見を述べたいと思います。

婦人同情会は、女性に対する迫害が激しかった時代の大正五年に設立されました。その目的は婦人保護でした。離婚して家に帰れないといった女性や貧しい家の娘が遊郭に売られたのを助け出すなど、貧しくて虐げられた女性を助けるためにこの組織を立ち上げました。当時、須磨海岸で女性の飛び込み自殺が多かったそうです。そこに自殺防止の看板を立て、思いとどまるように訴えかけました。その看板は戦後までありました。妹尾河童の『少年H』にもそれが出てくるようです。これは世界で最初の自殺防止の看板ということでニューヨークタイムズに載ったらしいです。オランダのフリージャーナリストが施設に来た時に教えてくれました。

　ノブは、東京基督教婦人矯風会にも関わっていました。矯風会は、禁酒・禁煙運動をはじめ、人身売買、婦女誘拐、廃娼問題などの社会悪とも闘い、婦人の地位向上を

城ノブ　須磨海岸にて女性の飛び込み自殺防止活動風景
（中央が城ノブ）

目指す活動をしていました。ノブが三十一歳の時に長野県出身の伊藤智二郎と結婚しました。伊藤智二郎は、無政府主義者であったため弾圧を受けてシンガポールに逃げました。結婚生活は僅か八か月でした。その時身ごもった子どもが城一男、私の父親です。生まれた子どもは、伊藤智二郎のお兄さんの子どもとして届け出をし、その後ノブが養子にしたという形になっています。そのような複雑ないきさつがあって、晩年父親は神戸ではなく長野で生活をしました。長野に移り住んだのは、伊藤智二郎の面影を追ったのかもしれません。父親には、自分は長野県の人間という思いが常にあったと思います。九十四歳まで長生きをしました。風邪をひいても入院するような人で、人一倍健康には気をつけていました。

婦人同情会の活動は婦人保護だけでなく、児童保護にも広がっていきました。当時はそれだけ捨て子が多かったという背景があります。日本の福祉は、子どもの保護から始まりました。現在は児童虐待が問題になっていますが、昔は子どもを捨てた、貧しい時代でもあったのでしょうね。

塚口：児童福祉に携わって来られて、二十年前に特別養護老人ホームをつくられたのは、なぜですか。

純一‥ノブの神戸での初めの仕事は、神戸養老院でした。寺島ノブへ（神戸で最初の「友愛養老院」を開設した）の出身が城ノブと同じ愛媛県であり、寺島ノブへが神戸につくった養老院の経営がうまくいかなくなり、静岡ホームにいたころに「助けて欲しい」と要請があり、神戸に来たということです。

　ノブは経営難を救うために、小口のお金を中心に募金をお願いしたり、宣教師団を回ってお金を集めてきたりして、友愛養老院を再建しました。十年以上友愛養老院にいたそうです。その時に婦人の救済をしないといけないと気付いて、養老院を辞めました。

塚口‥高齢者福祉についてノブさんは経験があったのですね。福祉新聞がノブさんの特集を組みましたが、これは非常に価値ある情報ですね。

純一‥徹底的に取材されていました。神奈川や愛媛の出身学校にも行ったりされていました。取材力はすばらしいと思いました。

　現在の神戸老人ホームは友愛養老院の伝統を引き継いだはずですが、キリスト教とも縁が無くなってしまったようです。名前は、神戸養老院から神戸老人ホームに変わりましたが、経営理念は全然違うものになってしまったと思います。

塚口：そのことを汲んで、純一さんが老人ホームを始められたのですか。

純一：そうですね。ノブは婦人同情会で活動をしながら「憩いの家」を運営していました。女性職員で年齢を重ねた人で生家に帰れない人、五名ぐらいで生活できるような場所です。寝泊まりや亡くなればお葬式までそこでしていました。

塚口：児童から高齢者へ事業を広げられたことが、どのようなつながりがあるのかわかりませんでした。そのような背景があって、特別養護老人ホーム（以下「特養」という）の事業にも乗り出したということですね。

純一：震災前から新しい事業をしないといけないという思いはありました。まず、青谷愛

憩いの家

児園が老朽化していたので建て替えが必要だと考えていました。木造平屋建てで、老朽化していたのですが仮設園の場所がなく進んでいませんでした。

神戸市は王子公園の下の土地に駐車場をつくる予定でした。その近くの場所は資材置き場に使うということで貸してくれませんでした。その後震災が起き、神戸市は駐車場の構想を断念しました。それで王子公園の一角を借りることができ、青谷愛児園の仮設園舎を建て、新しい園舎の建て替えを行いました。震災前は特養という考えは全くありませんでした。

塚口：純一さんになってから特養を始められたのですね。

純一：阪神淡路大震災で法人本部が半壊しました。建て替えが必要となったので、潰してしまってここに青谷保育所と特養を立てようと思いました。震災がなかったら今のようにはならなかったと思います。

塚口：さて、ここでノブさんという巨大な先覚者を祖母に戴いた純一さんは、その伝統をどのように受け止め今日の事業に生かそうと考えられているのか、改めてお聞きしたい。

純一：最初、この道に入ったときはノブの偉大さというか巨大さにはさほど関心を持っていたわけではありませんでした。しかし、社会福祉にかかわるようになって徐々にノブが果たしてきた巨大な足跡に気付くようになりました。私なりにその足跡を分析してみると次のようなことになると思います。

第一には、信念を貫く強靭な精神力です。もともと、自分の思いは父親には反対されようと、先に困難な壁が立ちはだかっているのが分かっていようと、曲げようとしない強さがあったと思います。後半は、キリスト教の信念がそれを支えたと考えます。ノブの母親も娘のキリスト教的信念を理解し、入信したことをもってしてもノブの強い信念が理解できます。私もクリスチャンですから、ノブの強い信念を思い起こしながら困難に対処してきたと思います。

第二は、常に弱い立場の人々の側に立って活動を進めてきたと思います。虐げられた女性の保護、親に遺棄された子どもの養育、面倒を見る者がいない老人の養護などがそうです。最近は、社会福祉事業が経営の視点から論じられるようになり、まさに、「先に経営ありき」といった風潮が強くなっていますが、その風潮は、ともすれば、クライエントへの支援の質を二の次にしてしまう考えに走ってしまう危険性すら孕んでいます。社会福祉に携わる者はクライエント第一主義を貫く義務があると考えます。ノブの生きてきた道はまさにその道であったと思います。

第三には、これは今日の経営者の在り方にも通じることだと考えますが、自分の法人、施設が良ければ十分、とは考えないことです。困っている経営者には適切な援助の手を差し伸べ、経営者同士が強い連帯を保持するために力を尽くす、ということです。ノブの足跡からそんなことを学び取りました。

第四には、社会的弱者と言われる人たちが、よりよく生きられる社会への改革の視点です。慈善事業の時代から、今日の近代的社会福祉の時代にあっても、この事業の対象者は、やはり、社会的弱者と言えます。これらの人々とともに経営者は歩まなければならないのではないかと考えています。

私が、こうした考えや視点をもって社会福祉を進めることができるのもノブという大きな先覚者から学び取ることができたからだと思っています。

塚口：純一さんは飄々とされていて、普段はその威厳ある風貌から感じ取れないことをお話しいただきました。私たちのNPO法人にも、多くの伝統ある社会福祉法人を引き継いで活躍されている方が多いのですが、その伝統から何を学び取り、特に、創業者の強靭な気概は何に裏打ちされていたのかを改めて学び取り、今日に生かすことの大切さを教えていただいたと思います。

第3章

経営困難法人への援助

塚口：純一さんは、経営困難に陥った社会福祉法人を援助されて、立派に立ち直らせておられます。その一つ、社会福祉法人恵泉寮（以下「恵泉寮」という）の再建について話を進めたいと思います。

恵泉寮は、私の結婚式の司祭をしていただいた齋藤宗治先生が、神戸栄光教会の多くの信者さんの支援を得て創立されたものです。恵泉寮は、児童養護施設を運営していたのですが、神戸市の行政指導で知的障害者支援施設に転換するようにと言われ、当時の施設長であった土肥隆一さんがそれを進める段階で、児童養護施設存続を強く主張していた職員との調整が不調のまま転換に踏み切り、そのため児童養護施設存続派職員六人を解雇する結果になりました。恵泉寮が施設の転換を始めようとした段階から転換に反対する職員は、総評一般の労働組合に加入して傘下組合員の支援を受けながら、法人側と団体交渉に臨んでいました。施設の周辺には赤旗が林立し、団体交渉は異様な雰囲気に包まれていました。

法人の理事会は何の打つ手もなく、交渉は施設長の土肥さんただ一人に委ねられている状況でした。こうした状況の中で、土肥さんは疲労困憊の体で兵庫県の経営協に助けを求めてこられました。私は、そのとき兵庫県経営協の事務局長も兼務（本務は兵庫県社協の事務局長）していましたので、その救済要請を受け付けました。経営協の理事会に諮ったところ土肥さんへの支援を決定しました。同時に、全国経営協の理事長吉村靫生さん（大阪経営協理事長でもあった）にも相談した結果、恵泉寮に次の条件を提示しました。①恵泉寮の理事は全員辞職する、②新たに、兵庫県経営協から労働組合対策に精通した人物を理事として送り込む、③この段取りは土肥さんが行うというかなり難しい条件を提示されたわけですが、当時の恵泉寮の理事は労働組合攻勢に辟易していたこともあり、投げ出すように全員理事を辞任されました。代わって、兵庫県経営協から次の方々に新しい理事をお願いしました。北野隆さん（兵庫県経営協理事長）、脇忠子さん（同理事）、中辻直行さん（同理事）、福永亮碩さん（大阪府経営協理事）、それに、責任上、土肥さんが理事に残り、この体制で施設転換を進めました。

児童養護施設の職員には、新しく開設する知的障害者支援施設職員に再雇用する条件を提示したのですが、施設転換に反対していた六名の職員は再雇用の契約に同意しませんでした。結果、その六名の職員は「解雇」されたことになり、後に不当解雇されたということで理事会を提訴しました。

この裁判はかなり長期にわたりましたが、神戸地裁では不当解雇が認定され、理事会側は大阪高裁に控訴しました。大阪高裁の判決は、賠償金一億三〇〇〇万円の支払いと即刻の職場復帰命令が出されました。不当解雇の訴訟問題を抱え、しかも、裁判の状況も思わしくない情報が漏れ伝わってきているときに、誰もその法人の理事長を引き受ける状況にありませんでした。結局、そのお鉢は私に回って、その時の恵泉寮の理事長は私でした。

判決が出たときは、私は九州保健福祉大学の教授をしていましたので、十分な対応ができなかったのも事実です。恵泉寮の理事会はさらなる上告を断念し、大阪高裁の判決を受け入れました。さあ、この判決で示された状況をどう打開するかが頭の痛い問題でした。まず、賠償金の調達の問題、勝訴した元職員の職場復帰の問題など実に重い課題を背負うことになりました。恵泉寮問題においては、私は労働組合に敵対する立場をとってきましたので、職場復帰を簡単に認めるわけにはいきません。そういう事情が絡み合っていました。

恵泉寮という社会福祉法人は、もともと神戸栄光教会の信者さんをスポンサーとして齋藤宗治さんが創設された社会福祉法人です。そんなこともあって、私はまず初めに神戸YMCAの総主事をされていた今井鎮雄先生に相談しました。今井先生は、恵泉寮の経緯は十分承知しているが、神戸栄光教会も阪神淡路大震災で倒壊し、その募金運動を展開している最中でもあり、それに加えて恵泉寮の敗訴費用の負担は難しいと言われました。しかし、そこは今井先生です。それとなし、いろいろと手をまわし、その手が純一さんに行き届いたと思っています。こういう経過を踏まえたうえでの以下の対談です。

純一：私は絵を描くのが好きで、関学大では絵画部に所属していました。昨年、関学大絵画部一〇〇周年記念行事として美術館を借りて大々的な展覧会を行いました。大学二年生の時に広島県尾道市へ合宿に行き、その時描いた絵を齋藤宗治さんにあげました。その時の絵が、恵泉寮が経営する清心ホームという施設に飾られていました。五十五年間ぐらい大切に施設長室に飾られていたのです。児童養護施設を解体した時も絵は大事に取っておいてくれていたようです。

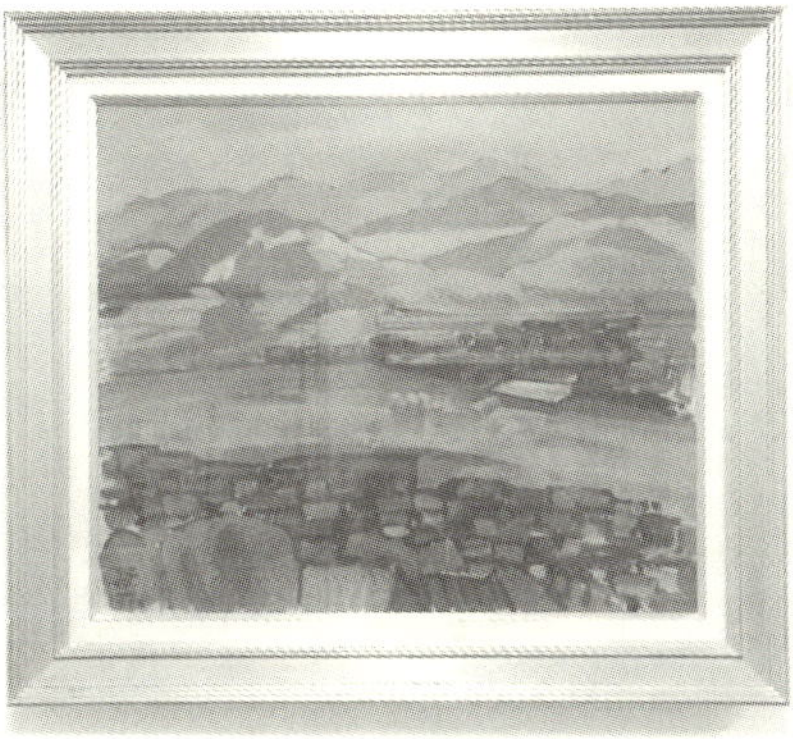

大学２年の時に描いた尾道の油絵
（社会福祉法人恵泉寮の施設長室に飾られていた）

恵泉寮事件の全面敗訴は北野隆さんと中辻直行さんと弁護士によるところが大きかったと思います。絶対負けると分かっていたが、行け行けと煽って結果は敗訴したと思います。中辻さんは恵泉寮が所有していた空地（施設に隣接した空地で現在は駐車場としてコープこうべに貸している）にテナントビルを建てると強く主張し、理事会もこれを承認していました。

塚口：その時に金井元彦さん（元兵庫県知事、参議院議員、兵庫県社協会長）の私設秘書をしていた都健彦さん（その後、社会福祉法人恵泉寮の理事に就任していただくことになる）に聞くと、あんなところにテナントビルを建てても誰も借りないよと言われました。それをどうして潰すか。理事会では、建設が決まっていました。都さんの鑑定眼は鋭かったので、その事を私は重く受け止めました。都さんの指摘は、施設の裏の土地が法人の基本財産になっているが、これは法人としても使い勝手が悪いところなので、運用財産に切り替え、マンションを建設して売り出したほうが無難で、法人としても資金が入ることになるので、県と交渉したらどうか、との示唆を受けました。県の法人担当課と交渉した結果、恵泉寮の言い分を認めていただきました。それを前提に、大手建設会社のO建設と話を詰め、今日契約を交わすというその時に、県の法人担当課から、基本財産を運用財産に切り替えることは認めることはできない、との電話が私に入ってきました。今更この契約を反故にすることはできないので、最終責任は私がとる、と宣言して県からの「契約中止命令」を無視することにしました。この時は、私も首を覚悟していましたが、結果はうやむやとなり予定通りマンション建設を進めることができました。

このことで中辻さんのテナントビルを建てるという構想は潰れました。その土地は駐車場にしました。

純一：今も駐車場は残っており、駐車料金は法人の大きな収益になっています。

塚口：私が理事長をしている時に、裁判で負けて一億三〇〇〇万円の支払い命令がでたことはすでにお話した通りですが、一億三〇〇〇万円以外に裁判で負けた時点から、勝訴した六名に月給も支払わないといけませんでした。

純一：その前に、裁判が始まってしばらくしてから、三〇〇〇万円で和解しようという話がありました。その条件として全員を復帰させるというものでした。その時に、労働組合の代表であった職員の復職に中辻理事をはじめ数人の理事が反対していました。その時に和解していれば、大きな問題になっていなかったと思います。

塚口：どこかと利害問題が絡んでいたのではないかと推測します。中辻理事がテナントビルを建てることを斡旋したということで、黒いうわさがあったことは事実ですが、真偽は分かりません。理事会では徹底的に闘うという方針だったので、和解の話には乗らなかったと思います。こうした状況をどう打開するかについて今井鎮雄先生の所に何度も相談に行きました。今井先生は、現在、金銭的な支援は困難であるが、もともとは齋藤宗治先生が作られた法人だから、ということで栄光教会とのつながりが深い井上太郎

（元神戸女子大学教授）さんに話してくださって、「塚口君は宮崎にいて理事長として事後処理に当たるのは無理だよ」という判断で、塚口君さえ良ければ井上太郎さんに理事長を受けてもらうよう頼んであげる、と言われお願いすることにしました。そして井上太郎さんが私に代わって理事長を引き受けてくださいました。

この時点では、純一さんはまだ理事になっておられなかったのですが、全国経営協の会長であった吉村靫生さんのご指名を受け純一さんと私で大阪へ会いに行きました。話の中で、吉村さんは、中辻さんに辞めてもらわないとダメだと言われました。吉村さんから中辻さんに忠告し意見を言ってもらっても聞く耳を持たない状況でした。六人を再雇用しないと決めている理事会の硬直性を廃しないとこの問題は解決しないと強く言われました。

純一：井上太郎先生が、神戸女子大学の教授だったのですが、少しの間でしたが、引き受けてくださいました。耳が不自由になられて辞任されました。そのあとを私が引き継ぐことになったのです。それは今井鎮雄先生の期待でもあったと思います。理事長としての最初の仕事は、大阪高裁の判決内容を組合側と交渉することでした。組合側も新しい理事長であれば柔軟に対応してくれるのではないかとの期待もあり、私との協議に応じてくれました。その結果、一億三〇〇〇万円を九〇〇〇万円にして和解しました。旧理事会ではこの問題は打開できなかったのではないかと思います。旧理事会は北野隆さんや中辻直行さん、脇忠子さんたちが徹底抗戦でしたから、この裁判は初めから負け戦であったと思いますよ。

経団連の労働問題専門の弁護士が年に一回勉強会を実施しており、ある回の案内を見ると恵泉寮事件と書いてありました。私はその勉強会に出席しました。恵泉寮裁判は、普通解雇でもないし、懲戒解雇でもないし、また整理解雇でもない最初から負け戦の裁判であったと説明されました。担当の弁護士はわかっていたと思います。結局は、私が理事長を引き受け解決したと思っています。私は、「解雇」された皆さんに、解雇時にさかのぼって給料や社会保険などを全て払いました。あと三年ぐらいで対象の人たちは定年を迎えられる、という事情も考慮しました。旧理事会の徹底抗戦は、掛け声は勇ましいが勝ち目はありませんでした。それというのも、当時の施設長Ｄさんが組合との抗争期間中に内部資料を全部組合に出していました。Ｄさんは、恵泉寮問題を塚口さんに丸投げしたまま社会党から衆議院選に出馬して代議士になられたり、代議士在職中に神戸聖隷福祉事業団の理事長に就任されたり、今は辞めて何をされているかわかりません。

Dさんが児童養護施設の施設長をしていたのだから、児童養護施設をつぶさずに知的障害者施設も運営すればよかったのではないかと思います。できる土地はあったと思います。当時は、児童養護施設の利用児童は年々減少しており、神戸市から職種転換の話があった時点では、六十人定員のところ十二人の児童しか利用していない状況でした。職員は六十人定員のままの配置だったので、法人は赤字まみれで二億円以上の赤字に膨らんでいきました。その処理のために土地を売って今の処理をして清心ホームを経営していくこととなりました。今でこそ北鈴蘭台は北区の高級住宅街になっていますが、移転した当時はほとんど人が住んでいない山の中でした。この土

清心ホーム

地は、アメリカの宣教師団が別荘をつくるために持っていたところです。戦争になりアメリカに帰る時には没収される恐れがあったので、恵泉寮に寄付してくださったといういきさつがあった土地です。

塚口：これは純一さんでないと解決できなかったと思います。

純一：いろいろな経緯もあるし、思いもあります。

塚口：申し訳ないなといつも思っています。純一さんに引き継いでもらったのは、栄光教会とのつながりもあるし、YMCAの側面的な支援もあるし、そのあたりのバックアップがないとできなかったと思います。崩壊寸前であった一つの社会福祉法人を甦らせられました。

純一：引き受けた理由の一つは、六十年近く前に自分が書いた絵が、いまだに大切に施設長室に飾られているそのような縁です。飾られているのを見た時は、本当にびっくりしました。

塚口：このようなケースの場合、労働組合や労働問題がわからない人たちだけでは対処できません。本当にひどい状況でした。火中の栗を拾うようなことは誰もしたくないです。それを純一さんは淡々とされました。そのおかげで施設を利用している障害者の方々も助かったし、恵泉寮という社会福祉法人も生き返ったと思います。

純一：今でも年に二回団体交渉の申し出があり、それに応じています。

塚口：恵泉寮についての思いなんかあれば聞かせてください。邦子さん、ご発言ください。

邦子：恵泉寮入所者の親御さんもお年なので、早く親御さんが入れるグループホームやケアホームを近くにつくって住めるように整えて欲しいと言っていました。こうしたニーズにもこたえていく必要がありますね。

小さい頃に入所した方達は卒園出来ないので六十歳、七十歳と年を重ねられます。今は車いすの利用者や全介助が必要な利用者もおられます。だから特別養護老人ホームを早くと言っているんですけどね……。

経営者としては、このような火中の栗を拾うようなことができる人がいないと法人が救えないと感じます。これからは、このような事が多くなるかもしれません。

恵泉寮事件は労働問題であり、法人経営の問題でもあります。同じような問題が出てきた時、多くの経営者は逃げてしまうかもしれません。しかし、そこには多くの利用者や職員がいます。その人たちを救おうとしたら、火中の栗を拾わないといけないと思います。恵泉寮の場合は神戸栄光教会がスポンサーだったこともあり、栄光教会につながりがある人でないと立て直しは難しかったかもしれません。純一さんがこの関係をうまく生かしながら理事長を引き受け、法人を再生してくれたと思っています。

第4章 地域政治に関わって

塚口：四期芦屋市の市議会議員をしておられたときは、福祉の問題をどのように考えられていましたか。

純一：福祉というよりも人権問題に関わることが多かったです。差別問題に荒れ狂っていた時期であったし、部落解放同盟、八鹿高校事件、時を同じくして色々な人権問題など荒れ狂っていました。

芦屋の市役所に兵庫県から関係者が集まり、部落解放同盟の旗がいっぱい立ったことがありました。福祉問題ではなく人権問題で大変な時代でした。

邦子：私は全然気づきませんでした。

純一：同和対策特別措置法の期限切れ、延長と、ものすごく時間とお金をつぎ込んだおかげで、駅前の古い住宅などは綺麗になりました。

何回も同和問題の勉強会に参加したりして、同和問題の解決に明け暮れていました。日比谷公園で行われた解放同盟の集会にも参加した事があります

県会議員をされていた山村幸六さんが引退して市長に立候補することになったとき、代わって私に県会議員に立候補するように言われました。市長選挙の際に松永精一郎さんと山村幸六さんから応援を頼まれましたが、松永精一郎さんに義理があったので私は松永さんの応援をしました。そのため、自民党公認ではなくなり、負けました。自民党公認だったら必ず当選していたと思います。

塚口：純一さんは自民党の公認ではありませんでしたが、兵庫県社会福祉協議会の金井会長は、当時は確か自民党の綱紀委員長ではなかったかと思いますが、自民党公認でない純一さんを、社会福祉に精通されている方だから応援しないわけにはいけないと言って応援されました。私はその時、県社協の事務局長をしており、自民党の県連から「自民党

の対戦相手を応援されては困るあなたから諫めてほしい」という苦情がきましたが、金井会長は信念をもって純一さんを後押しされました。会長は自分の信念を通す人だと驚きました。

邦子：福祉だけではなく、いろんなことをされたわがままな人だと思います。

塚口：純一さんは利権なんかとは全く関係のないクリーンは人ですね。芦屋の市会議員を四期されてなぜ辞められたのですか。

純一：震災が原因だったと思います。

邦子：県会議員になった場合は、理事長や施設長から退いてもらわないといけないと行政の担当者が言っていました。

塚口：兵庫県は、県会議員や国会議員が社会福祉法人の理事長になることは好ましくない、という考えを持ちそれを実行していました。しかし、土肥隆一さんが衆議院議員であるにもかかわらず神戸聖隷福祉事業団の理事長になることを、あっさりと認めてしまいました。兵庫県も権力には弱いのだなとつくづく思いました。

純一：そう思います。

邦子：純一さんはお酒も夜遊びもしないので、密談が必要な政治家には向いていなかったと思います。

塚口：議員を辞められて、一〇〇パーセントの力を社会福祉に向けることができるようになったということですね。

純一：そうですね。

邦子：本当に助かりました。

塚口：議員に出られているときはどうでしたか。

邦子：全然応援しなかったです。知り合いは回りましたが、表に立って応援はしませんでした。その時は、私は保育園と母子寮の会計などをやっていてとても忙しかったころです。

塚口：議員をやっていたことは、社会福祉事業にどのように役立っていますか。

純一：議員をしていたからといって特別役立ったことはないですが、法律の見方や地方自治の仕組みとか、制度、政策についてはよく理解できていると思います。そのような意味では役に立っています。

邦子：特別養護老人ホームブルーバレーを立てるときの書類もすべて純一さんが一人でやりました。その時私は園田子供の家で園長をしていて十五年ぐらいしていましたが、あっぷあっぷでした。

純一：役所に出す書類の作成は得意かもしれません。

邦子：お金も公私混同せずきっちりしているところは、いいことだと思っています。私は口が立つので、全部やっているように見えますが、一人では何もできないです。

邦子：本質的に業者からものをもらったりすることは嫌いでした。送られてきたのを郵便で送り返したことも何度もありました。それを一回したら誰も送って来なくなりました。民間人になった方が気は楽です。

塚口：二人の関係を見ていると、夫唱婦随でとても良い関係だと思います。婦唱夫随かな。時々立場が変わりながらそれがとてもいいと思いますね。

第5章

地域ボランティアとしても活躍

塚口：純一さんが地域でボランティア活動をされていることは知りませんでした。

邦子：芦屋霊園協力会の会長として、毎月お参りに行っています。御下がりのりんごをもらって来るのですが、欠かさず行っています。

純一：ボランティアで一番古いのはＹＭＣＡです。青少年活動は長く関わっております。日本ＹＭＣＡ同盟青少年奉仕賞をいただき、永年勤続会員です。七十五歳の定年まで評議員をしていました。ワイズメンズクラブというＹＭＣＡに奉仕する会という成人の会があります。今井さんに誘われて入りました。それが五十年前。結婚してから入会しました。月に一回ＹＭＣＡに行って、奉仕をしたり、日本人の学生がタイにボランティアに行く資金を集めたりと活動範囲は広いですね。

塚口：普段おっしゃらないから知りませんでした。

純一：今井先生の影響が大きいのですが、スペシャルオリンピックス（1）の会長をされていた縁で、十三年前ぐらいから知的障害を持った子どもたちのスポーツ支援をしようというスペシャルオリンピックスにも関わっています。発端はアメリカ、ケネディー・シュライバーさんの子どもが重度の知的障害を持っていましたが、自分の家の庭でバスケットをしていたことを大々的にしようということで、広まったのです。オリンピックから名前を使っても良いと許可がありこの名前になりました。オリンピックではないからスペシャルがつきました。日本に入ってきたのは二十年前です。熊本ＹＭＣＡ会員の中村克子さんがアメリカへ行って、スペシャルオリンピックスに感銘を受け、学んで日本に持ち帰って来られました。当時熊本の知事の細川護熙さんの奥さんの佳代子さんが、日本でも広めましょうと言って日本の会長になられました。この立ち上げなどを支えたのがＹＭＣＡです。何年か経って神戸でも取り組むことになり、できたのが十五年前であり、県内の各市に広がって十三年前に芦屋市にもできました。内容は、ボランティアコーチを集めること、お金を集めること、広報活動することなどです。芦屋市でやっている種目は水泳・サッカー・テニスで、サッカーがあるのは兵庫県で芦屋市だけです。芦屋のサッカー協会の会長から応援してもらっています。他の市では、陸上競技や卓球などを行っているところもあります。年に一度競技大会を開催しています。その運営はボランティアが行っています。障害のある子どもたちに、学校では教えてくれないスポーツを体験させることはとても意義があることです。問題は、年齢制限がないので、当初からいる子どもたちが学

スペシャルオリンピックス　水泳競技会

校を卒業して大人になっても参加しているので、新しく入りたい子どもたちが入ることができない状態です。安全に教えて、見守ることができる子どもたちの人数が限られているので悩ましい問題です。

塚口：社会福祉法人の社会貢献が言われていますが、純一さんの話を聞いていたら、社会福祉法人が別に社会貢献しなくても理事長がいろんな形で社会貢献できるなら立派なことだと思いますね。

純一：されている方は少ないでしょう。

塚口：理事長自らが社会貢献をやっておられるのはあまりないですね。

純一：お金、時間、頭、人脈を使っていますから大変です。

スペシャルオリンピックス　サッカーの練習風景

芦屋霊園は市営ですが、霊園協力会を立ち上げ、霊園の入口に六メートルぐらいの大きな観音様を芦屋市に寄付をしました。お地蔵様を作って、その北側に無縁仏をお祀りし、年に一回無縁仏の地蔵大祭を行っています。

私自身はクリスチャンです。そのことを知っていても、前の会長が亡くなり、困って頼みに来られました。それを引き受けました。これもお金がいりますが、一度も欠席せず月例祭も行っています。

塚口：社会福祉法人の理事長が自らいろんなボランティアに進んで関わっておられるというのは、兵庫県内でも数少な

芦屋市霊園協力会　結成50周年記念式典

いです。こんなに複数している方はもっと少ないかもしれません。

純一：理事長が社会貢献することと、社会福祉法人が社会貢献することと同じじゃないのかなと思います。

邦子：それは違うと思います。老人施設連盟とかで言われているのは、施設がある地域に奉仕せよ。例えば交流事業で、施設を開放するなど、もう少し小さなことだと思います。霊園協力会は個人的なことだと思います。

誰もしないことだけど、誰かがやらないといけないことです。それをやる純一さんは立派だと思います。

塚口：地域に対する社会福祉家としての姿勢が問われているのだと思います。

純一：社会貢献活動とは多様な側面を持っていると思います。社会福祉法人の理事長も社会貢献について考えないといけないと思っているけれど、自ら地域貢献をしていません。

世間はそのような姿を見ていると思います。社会福祉法人の理事長は毎週ゴルフに行けてよろしいなと。そのように思われている理事長に世間は本当の信頼を寄せるでしょうか。

私は、芦屋観光協会の会長もしています。これも全くのボランティアです。芦屋市の市長が名誉会長で、部長が常務理事、経済課の課長が事務局長です。

邦子：市会議員を辞めて、市に顔をつっこんでいる人は一人もいません。

世間から見ると見方が変わってきます。世間の社会福祉法人に対するイメージや施設に対するイメージが変わってくると思います。

ライオンズクラブにも入っていますが、福祉の仕事をしてるとは一言も言っていません。尼崎市内のクラブから児童養護施設も支援してもらっていますが、純一さんは自己表現することが下手だと思います。

塚口：自己宣伝しないところがまたいいのではないでしょうか。

邦子：今後は、児童養護施設二つを建て替えして、尼崎に特別養護老人ホームを建てて、もう一つ保育所も運営受託する予定です。保育所の建物がぼろぼろでひどいので苦労しそうです。

他の法人が受けない所を受け、儲けや利潤を考えるのであればそのようなところに手を出しません。純一さんらしいと思います。私も微力ながら二人三脚で頑張ります。これもめぐり合わせでしょうから。

【注】

（1）スペシャルオリンピックス

一九六八年、故ケネディ大統領の妹ユニス・シュライバーは、当時スポーツを楽しむ機会が少なかった知的障害のある人たちにスポーツを通じ社会参加を応援する「スペシャルオリンピックス」を設立。

一九九四年、国内本部組織「スペシャルオリンピックス日本」が、国際本部より認証を受け熊本市で発足。スペシャルオリンピックス日本は国内におけるスペシャルオリンピックス活動の普及を目的とした活動を、都道府県ごとの地区組織ではそれぞれが独立した組織・団体として都道府県での活動を行っている。

第6章
資格取得で自己の向上を

塚口：邦子さんのことに触れたいと思いますが、私が全社協の中央福祉学院（湘南ロフォス）で、社会福祉士養成講座の講師をしていたときに邦子さんが受講されていました。これにはびっくりしました。
邦子：資格取得の勉強からは辛抱強くするということを学びました。
塚口：邦子さんはいま法人の半分の仕事は担っておられるのですか。
邦子：出過ぎたことをすると怒られていますが、純一さんは全部自分でマネジメントしています。

塚口：邦子さんはいつから社会福祉に携わるようになったのですか？

邦子：純一さんより早かったと思います。純一さんがサラリーマンだった時からです。最初は、母子寮の指導員をしていました。五十年ほど前は難しいケースの人がおられて大変でした。結婚してすぐに友達に誘われて、保育士の資格を取りに行きました。誘ってくれる人があったから、チャレンジしてみようと思ったのがきっかけです。

塚口：介護支援専門員も社会福祉士の資格も取得されて、素晴らしいと思います。

邦子：私たちの法人で社会福祉士の資格を取得したのは私が最初でした。私が取得して、お手本になろうと思ってチャレンジしました。その頃は周りの人はみんな反対しました。おばあさんがそんな勉強しに行くのと笑われました。足を引っ張られましたが、二年ぐらい勉強して取得できました。その時は周りを見る余裕がなかったかもしれません。受験モードの時は、知り合いに会っても気が付かないほどでした。

純一：一発合格なのでたいしたものです。

邦子：取るなと家中で反対されました。テキストを買ってちぎって持ち歩いて勉強しました。いくら勉強しても覚えられなくて、同じところを間違えるとまた繰り返し、勉強をするということを根気よく続けました。

塚口：前向きに頑張る姿勢が素晴らしいと思います。

邦子：職員が資格にチャレンジする道を作りたいという思いがありました。現在は、言わなくても職員が資格を取るようになりました。

塚口：園長が自ら資格に挑戦する姿は、職員にいい影響を与えたといえますね。邦子さんは様々な資格にチャレンジしておられますが、高年齢で資格にチャレンジする人は多いのですか。

邦子：この頃は多いのではないですか。福祉の世界は法律でがんじがらめで、資格社会だと思います。私は現実社会より勉強の方が容易いと思っています。

法人新規採用職員研修会

純一：私が見ていても、勉強が好きだと思います。
塚口：純一さんから見て奥さんをどのようにみておられますか。
純一：頼もしい存在です。いいコンビだと感じています。
邦子：妨害ばっかりしているから、嫌な存在かもしれません。行き帰りの車も別だし会合に行く時も別でとっても変ですよね。
塚口：独立されているということですね。
邦子：純一さんが逃げているんだと思います。おかげ様で、義理の妹も福祉に目覚めて保育園の園長をしています。社会貢献できるということに関して福祉は打ってつけだと感じているみたいです。社会の役に立っているということは、自分の人生に充実感が持てると思います。
塚口：この章では、邦子さんの資格取得に挑戦された思いや苦労をお聞きしましたが、特に、一定の年齢に達して、社会福祉全般を改めて勉強し、率先して資格取得に挑戦する姿は立派ですね。法人内の職員も邦子さんの頑張る姿を間近で見て大きな刺激を受けたと思います。職員をどう導くかについて付言すれば、近年は研修技術や方法論が発達して、そのマニュアルに従って研修すればよい、という風潮が強まっています。それも大切ですが、邦子さんのように、自らが実践し、その姿を職員がみて「自分も頑張ろう」と思ってくれれば、最上の導き方だと思います。

第7章

後に続く事業者への提言

塚口：最後に、純一さんから、あとに続く社会事業経営者に思いを告げていただきたいと思います。

純一：現在の経営者は、社会福祉事業家ではなく単なる中小企業の経営者であると思います。慈善事業協会から発達してきた社会福祉、それに携わる福祉事業者がソーシャルワーカーの立場を捨てて、いつの間にか中小企業の経営者となり、一人ひとりが利潤を追求するだけの経営者になってしまったように思います。特に昔のような、社会福祉法人の理念が飛んでしまっているように感じています。銭金《ぜにかね》の世界になってしまいました。昔は身銭を切って、自分は貧すれども他人の幸福を追求するという姿勢を持っていたと思いますが、今は、まず「自己の利益」の追求という姿に変わってきたように思います。それでは福祉事業家とは言えないのではないかと思います。

塚口：経営と言ってもがっちり枠にはめられたうえでの経営ですよね。

純一：全く自由がない。えせ経営といえます。厚生労働省が思う通りにやるだけという感じですね。

塚口：そのようなところに押し流されたら、本当の社会福祉のスピリットみたいなものはなくなってしまうと思います。

純一：どこの法人も立派な理念を掲げていますが、理念は看板だけになっており、実践できていません。これから若手をどのように育てていくかが問題だと思います。福祉以外のことも見ないといけませんね。

塚口：今、全国のお寺が経営難で立ち行かなくなるところが増えています。葬式仏教でお金をいかに取るかということばかりを考えているだけでは、民心は離れていきます。社会福祉法人も同じようなことがいえるのではないですか。そのような状況に純一さんは警鐘をならしておられると思います。

純一：社会福祉経営者もボランティアなどを行って、自ら地域に溶け込むような気概が求められていると思います。

全国経営協などが社会福祉法人の社会貢献を勧めています。神戸市の各区で協議会を作ってお互い資金を出し合い行うようにということになっています。それはおかしいのではないかと疑問に思います。もともと私たちは、慈善事業から始まっています。慈善事業とは地域の様々な問題に取り組み貢献することから始まってきました。そのためのお金は、いろんな篤志家から集めて地域に貢献していました。これが出発点です。今の社会貢献論は、社会福祉法人はたくさんの剰余金を蓄えているから、それを吐き出させるために社会貢献をやれ、と指導しているように感じます。それは、何かがおかしいと思いませんか。

塚口：社会福祉法人のトップや幹部が、自らボランティア活動もやらないで、法人の社会貢献を導くことができるのかと、つい考えてしまいます。昔は仏教も慈善事業を多く行っていました。今そのようなことを忘れてきているのではないかと思います。

社会福祉法人が経営という土俵で、営利法人と競ってもダメだと思います。社会福祉法人としての伝統、精神を失わない所に営利法人と異なるものがあります。残念ながら引き継いでいる所は少ないのかも知れません。これが少ないということは、社会福祉そのものが先人の培った思いや理念を見失い、やがて衰退していくことになるのではないかと心配しています。

純一：明治の末期に神戸報国義会の大曽根信三さんが神戸はしのき資金で療護施設を創設しました。施療費無料で医療を施す施設です。今は名前が変わってアメニティホームと言います。報国義会という名前なので、右翼に間違えられて名前を光有会に変えられました。ここは明治時代から引き継いだ理念を保持していると思います。自らの事業で得たお金を療護施設を通じて地域に還元してこられました。理事長は今でも営利事業で得た利益を法人に寄付しておられます。それは創業の流れをくんでいる奉仕の心といえます。

福祉新聞の松壽庶さんは、社会福祉法人が経営経営と言っているが、経営の感覚をもって当たれということと、経営そのものに足れりということは違うと言っておられます。そのことを今の若い経営者はわかっていないかもしれません。

塚口：純一さんは、アメリカのペンシルバニア州に留学されていたことや議員をされていたことも影響しているかもしれませんが、一般の人が尻込みするようなところにも、率先して踏み込んでおられます。普通の経営者の感覚とは少し違うと感じます。社会福祉法人の経営者の感覚としてそのような感覚が大事なのかもしれないですね。

純一：今の経営者は生い立ちが違うと思います。目先のことに気が行き、福祉の理念なんかは飛んでしまっているように感じます。それが飛んでしまったら、社会福祉そのものの崩壊になりかねません。

　社会福祉法人だからと何もかも規制されるよりは、税金を払って規制をなくす方が良いと思います。生まれながらにずっとノブの傍にいたから、私の思想もある面では過激なのかもしれません。

塚口：社会福祉法人の経営者は、純一さんの生き方から多くの示唆を得られるのではないかと思います。

純一：神戸YMCAのチャペルに田中忠雄さんが描かれた最後の晩餐という大きな油絵があります。それはキリストがお弟子さん十二人を呼んで最後の晩餐をするときに、キリストが一人ひとり弟子の足を洗うところです。そこで何を教えたかというと、仕えるということです。キリストは弟子たちに、自ら自分自身が僕となり困った人々に仕えるということを教えた聖書の言葉を絵にした油絵です。

そこに行くたびにその絵を見に行きます。私たちの仕事は人に仕えることが仕事だと叩き込まれました。奉仕活動とは人に仕えるということだと、自ら実践しながら職員にも話して教えています。その精神はＹＭＣＡから学びました。私の精神的バックボーンだといえます。利用者に仕えるということが体にしみこんでいます。

実は、二年前に関西学院創立一二五周年記念の年に当たり色々な行事がありましたが、関西学院高等部が一二五周年記念礼拝をするので私に礼拝の説教をしてほしいとの依頼があり、当日関西学院高等部の大講堂で九〇〇

お茶の稽古の様子

人近い高校生にこの「仕える」という主題で話をしました。ちなみに関西学院のモットーは、Mastery for Service「奉仕の練達」なので「仕える」という話をしました。

最後に私の趣味の話をします。油絵を描くのは随分長い間ずっと続けていますが、ほかには十七年ほど前から裏千家のお茶の稽古をしています。裏千家の千玄室家元の直弟子の先生の稽古場に月に二度通い続けています。男性が少ないこともあり十二年ほど前から裏千家淡交会の神戸支部連合会の副会長をしています。そのおかげで毎年一月七日の各テレビ局や新聞で報道される裏千家お家元の初釜式にご招待を受け毎年出席しています。

塚口：城純一さんとの対談で、奥さんの邦子さん

裏千家千玄室大宗匠がご奉仕された西宮神社献茶式

にもところどころで加わっていただいて、私自身多くのことに気付かされましたし、学びがありました。話している中で、純一さんには城ノブさんのＤＮＡが色濃く投影されているように感じ、胸が熱くなりました。純一さんは、飄々としておられて、自分の考えや意見を積極的に表現はされませんが、その胸には熱い熱い思いが滾っていることが分かりました。また、城邦子さんは、対談中いろいろな仕事が舞い込み中座されることが多かったのですが、純一さんとは絶好のコンビだとわかりました。お二人に感謝しながらこの対談を終わります。

城 ノブの業績

城ノブは、明治五（一八七二）年十月十八日、愛媛県温泉郡川上村の城謙三の二女として生まれた。父謙三は、シーボルト博士に師事して、西洋医学を学んだ名医で、松山藩久松侯の御典医をしていたが、また松雲と号して儒者としても知られていた。

ノブは、母千代の愛育のもとに、すくすくと成長したが、大変利発な子供で、六歳のとき、藩主の前で臆せず立派に書をかいたという。小学校時代は神童とよばれたが、当時の教科書は、外国のものを直訳のまま載せたものが多く「神は天地の造主、人は万物の霊長」というような言葉があった。ノブは、幼いながらもこの言葉に強くひかれ、その本当の意味を突きとめたいと思ったので、家から十二キロもある松山女学院（ミッション・スクール）に入学

創業者　城ノブ（1872〜1959）

し、毎日歩いて通ったのである。十五歳の時であった（明治二十年）。

こうしてミッション・スクールで基督教精神を注ぎこまれたノブは、そのころ、松山で初めて伝道を開始した、南メゾジスト教会の宣教師O・A・デュークスから、英文学と聖書を学び、熱心に信仰を求めつづけたが、学校を卒業すると、デュークスから洗礼を受けた（明治二十三年六月一日）。これを知った父は非常に怒り、「儒者の家に生まれた者が、耶蘇教に凝るとは何たる事だ」と、激しく彼女を責め改宗を迫ったが、ノブの信仰心は些かも揺るがなかった。そして、遂に勘当の身となった彼女は、住み馴れた故郷を離れて神戸職業学校に勤めたのである。

父の怒りや母の嘆きを思うと眠れぬ夜もあり、遠く故郷をはなれた孤独の生活は、多感な乙女ごころに切ない望郷の思いを抱かせることもあったが、そんな時、ノブの求道精神をしっかり支え、奮い起こしてくれるのは聖書であった。彼女の信仰はますます深まり、伝道者になろう、という考えが強まってきた。そうして、こつこつ準備をしながら機会をねらっていたが、逐に三年後（明治二十六年）横浜の聖経女学校神学科（後の青山学院神学部）に入学し、通訳のアルバイトをしながら必死に勉強して二年後に卒業し、念願の伝道者の資格を取ったのである。二十三歳の時であった。

卒業後、弘前女学校の伝道者兼英語教員として勤めていたが、父が死んだので、五年ぶりで郷里の川上村に帰ってきた。悲嘆にくれている母を慰めいたわりながら、ノブは伝道につとめた。彼女の友だちは何れも結婚して妻となり、母となって平穏に暮らしていた。世の常の母ごころとして、千代も娘ノブにそうした幸福を願ったのだが、ノブの伝道者としての決意は堅く、母と共に生活しながら、熱心に祈り、母に神を知らせるためにあらゆる努力をつづけ、逐に母をキリストの教えの道に導き入れたのである。

その後、ノブは九州の炭坑夫や、東京、埼玉、神奈川など、各地の労働者たちに伝道を続けていたが、明治三十六（一九一三）年に、長野県出身の伊藤智二郎と結婚した。三十一歳の時であった。

伊藤は、幸徳秋水の社会主義研究会のメンバーで、横浜で政治新聞を発行していたので、ノブもしばらく一緒に住んでいたが、秋水一派の革命的なその運動は、政府の弾圧方針の下に官憲からきびしく追及され、伊藤は日本にいられなくなり、逐に日露戦争の始まる直前、官憲の眼を逃れて海外に脱出した。

こうしてノブの結婚生活は、不幸にも僅か八か月で終わってしまったのだが、このとき既に彼女は身ごもっていたのである。この止むを得ぬ事情のために、両家了解のもとにノブは離縁となったが、彼女が長野県松本で伝道している時にその子が生まれた（城一男）。ノブは、一男を夫の長兄の籍に入れ、その子を抱えて夫の郷里である長野県高遠町に英語学校を開き、教育と伝道につとめた。

伝道に努めながらもノブは、だんだんと自分の仕事に何かあきたらないものを感じだしたのである。人類愛も単に説教や書くことによる宣教だけでは駄目だ。自分たちの足もとには、もっと切実な問題が数多く横たわっているのだ、その現実の中に身を投じてこそ――と、もっと実際に身体を使って、愛の実践運動をしようと思いはじめ、社会事業の研究をやりだした。そうして伝道師をやめた彼女は、静岡ホーム保母養成所の主任となって、保母の教育訓練に当たっていたが、神戸の中山手で養老院をやっている寺島ノブへより招きを受け、神戸養老院に転じたのである。

こうして社会事業を経験しながらノブは、矢島楫子の矯風会に協力して、関西の指導者として活躍したが、この矯風会というのは、一八七三年、アメリカで起こった婦人たちの禁酒運動がきっかけなのである。五年に亘る南北戦争の間に、青少年の暴飲のために多くの弊害が出たので、それを阻止するために婦人たちが立ち上がったわけで、一八八三年に、フランシス・ウィルラード女史がこれを組織化して矯風会となり、世界的に広がったのだ。日本にも明治十九（一八八六）年に、ミセス・メリー・クレメント・レドットが遊説員として派遣されて来て、築地木挽町の厚生館で講演をしたが、矢島楫子は、この講演を聞いてすっかり感激した。自分の結婚も酒のために破壊された事を思い、是非この禁酒運動は日本にもおこさねばならない、と決心した。そしてその年の十二月、日本橋教会で五十六人の夫人が集まり、東京基督教婦人矯風会の発会式が開かれ、矢島楫子を会頭に、世界の平和、純血、禁酒を目標に、日本人ではじめて婦人団体の社会活動が火ぶたを切ったのだ。

矯風会は禁酒や女権拡張運動だけでなく、人身売買、婦女誘拐、廃娼問題と、多くの社会悪とも敢然と戦ったので、矢島楫子や、城ノブたちは、幾度となく無頼の徒の白刃の脅威にさらされたが、神の召命に献身する彼女たちには、微塵も動ずることなく断乎としてそれに対応した。

日露戦争後に襲った不況時代に、多くの社会悲劇が続出したが、第一次世界大戦後に於ける不況時代にも同じような現象が生じたのだ。欧州大戦後の世界情勢に応じ、大正三（一九一四）年に始まった此の大戦は、欧州が主戦場だった関係で、日本は参戦国といいながら直接戦禍を被る危険もなかったばかりか、逆に東洋方面の貿易を一手に収める結果となったので、財界は未曾有の好況を示し、殊に大貿易港を控えた神戸では、大小の船成金や鉄成金が続出し、市中もその余波を受けて賑わったが、大正七年の夏、図らずも富山県の一漁村に起こった、主婦たちの米廉売運動が、僅か数日の間に全国に波及して大騒動となり、一時は無警察状態に陥り、遂に軍隊の出動によって鎮圧するに至ったが、何しろ七月初旬に一升（約一キロ半）二〇銭台だった米が、僅か五〇日ほどの間に五十八銭となり、なお昇騰の勢いを示したのであるから、暴徒の蜂起したのも無理からぬことではある。

大正四、五年の急激な不景気が原因で、農村の貧農家庭の子女は売られ、或は都会を憧れて無自覚に家出して来た若い女性は、悪辣な桂庵に欺されて人肉市場に連れ去られたり、又は、自ら堕落して不幸のどん底に落ちるなど、自殺や親子心中が絶えない暗い世相であった。

その頃は、家庭の女の地位は低く、妻の権利も、母の権利も全くなかった時代だから、封建的な家庭の複雑な問題に泣く不幸な情勢も多かった。こうした、薄倖に泣く人々の群れの中に飛びこみ、温かく導いてやるのが自分の使命だとノブは悟ったのである。彼女をこう決心させた大きな動機は、そのころ淡路に起こった一つの痛ましい社会悲劇だったのだ。

それは、淡路島の或る素封家の若妻が、複雑な家庭苦に耐えかね、愛児を抱いて海に投身自殺した事件で、各新聞に大きく報道され、やがては「須磨の仇浪」という芝居になり、ノゾキ絵から映画に、また流行歌、琵琶歌、浪花節にまで作られて、一世の婦女子の紅涙をしぼったのである。

ノブは、この現実の悲劇にひどく胸をうたれた。哀れ愛児を道づれに自ら命を絶ったこの若妻も、温かい相談相手があったなら、死の一歩前で引き止めることが出来たであろうに、と、それを思うとじっとしてはいられない気持ちだった。こうした女性の家庭悲劇をくいとめるためには、親切な相談相手と、置き場のない身を温かく受けとめる場所が必要なのだ。そうすれば又、幸せな第二の人生を踏み出すことも出来るのだ。それには、まず気がついた自分自身がこれを実行すべきではないのか、しかし、自分に果たしてそれだけの力があるのだろうか、そして又、それが自分の使命なのだろうか、ノブは、思いあぐんで悩んだ。

この苦難の多い救済事業に、一心こめて神に祈り、その助けを願わなくてはならない、と決心したノブは、大正五年二月二十五日の夜、ただ独り神戸市の裏にある摩耶山に登った。厳寒の骨を刺すような冷たい風の中を、凍てついた山径の霜柱を踏んで、暗い山の中を登って行った。彼女の頭には、神だけしかなかった。そして、渓谷の滝のそばにぴたりと端坐し、容を正し、双の目をじっと閉じて、敬虔な祈りにはいったのである。真夜中になっても熱祷は止まらない。こごえそうな寒月が樹の間からのぞいても容はくずさない。いつか昧爽の霜花がしっとりと膝をぬらしていた。

一滴の水も飲まず、一粒の物も口にせず、この真剣な祈りは三日三晩に及んだのである。「自分の一切を棄てて、世に虐げられた婦人たちのために尽くしたい。それには、どういう道を執るべきか――」と、神の教えを願ったのである。そして三日目の深更、ノブは霊感を得、神の啓示を受けたのだ。

聖霊によって不思議な力を与えられたノブは、溢れるような希望と力を抱いて下山した。そして、新しい救済事業に乗り出す決心をした彼女は、養老院に辞表を提出した。

ちょうどその頃、アメリカ・カリフォルニア州の七十三歳になる、マイランダーという農夫が、宣教師を通じてノブの計画を聞き、突然五ドルを送ってきたのである。彼女にとっては、まさしく神から与えられたものとしか思われず、泪を流して感激した。当時の邦貨に換算して十円二十六銭の金であった。ノブは、そのうち五円を今まで働いていた神戸養老院に寄付し、残りの五円二十六銭を設立資金として「神戸婦人同情会」を開設したのである。まず、神戸下山手通四丁目に小さな家を借りて、収容所兼事務所とした（大正五年三月、ノブ四十五歳の時であった）。家賃は八円だったが、他からの援助は全くなく、経営は最初から困難であった。収容人員は僅か五名だったが、当時は社会事業に対する世人の関心は薄く、殊に婦人問題に対しては興味をもつ人は極めて少なかったため、その経営は文字どおり悪戦苦闘の連続であった。しかし、ノブは「主なる神の霊がわたしに臨んだ。これは主がわたしに油を注いで、貧しい者に福音を宣べ伝えることをゆだね、わたしをつかわして心の痛める者を癒し、捕われ人に放免を告げ、縛られている者に解放を告げ……」というイザヤ書六十一章のはじめの句を、そのまま自分の精神、同情会の主旨として、ただ不幸な婦人を救うだけでなく、神の事業として、この会を通して伝道しようとする意欲に燃えた。

そして、会の目的を次のように定めた。

「家庭上、生活上、精神上より起こる苦闘に対し解決を与え、婦人の貞操と生命を保護し、少女を、恐ろしき誘惑より救い出し、片親なき子供をあずかり、又職業を紹介す」

この婦人同情会の主旨と目的が、広く社会に知れると、各地から救いを求める不幸な女性が現われ、小さな家では収容できなくなった。ノブは大きな建物の新築を目ざし、友人、知己を訪ね歩いて訴え、説得し、同情ある人にすがったが、己を棄てて不幸な婦人たちのために尽くす、熱誠こめたこの運動は、多くの人々の心を動かし、献金は次第に増えていった。

ちょうど一年目の大正六年三月二日に、神戸婦人同情会設立の許可が、兵庫県知事より下り、宮本通二丁目に一〇五坪の地所を購入して建築にかかり、翌七年七月竣工、盛大な開館式を挙行することが出来たのである（地所、工事費共に八千円であった）。このとき寮母としてノブを助けたのが植村たきであった。彼女はその後四十年間に亘って婦人同情会に献身し、あまり表面には出ず、ノブの活動の大きな支えとなった。

新しい建物が出来たところで、ノブは相変わらず多い自殺を思いとどまらす方法を考えた。白砂青松で知られる須磨一の谷海岸は、自殺の名所にもなっていたので、彼女は、この海岸の鉄道線沿いに、大きな立て札をたてた。

「一寸待て神は愛なり」と、まん中に大きく書き、右端には、「死なねばならぬ事情にある方はすぐいらして下さい。御相談に預かります」と書いて、左端に同情会の住所を記したのだ。大正八年であったが、これは日本最初の自殺防止の救命札であった。同情会の四十周年

（昭和三十一年）までに扱った人は六万人。この立て札で命をとりとめた人は四千人といわれている。特にノブが誇りとすることは、この中から五人の牧師が出て、一一〇余組のクリスチャン・ホームが出来たことである。

大正九年一月二十日、内務大臣より財団法人の認可を得たが、十二年の関東大震災には、ノブは罹災者の引き揚げを神戸港まで出迎え、埠頭倉庫に事務所をつくり、各教会婦人を動員して、衣類、食糧品の配給をはじめ、こまごまと行き届いた世話をして、多くの人から感謝された。

大正十三年には、ノブは矯風会神戸支部長となり、兵庫部会長となったが、多年の経験と数多い実例に徴して、同性に対してもっと強い信念に活きる自覚を促すためにも、また純潔の上よりも、内地はもとより北海道、朝鮮、支那へと講演行脚を試みたが、彼女が長い間に講演したその回数は七、五〇〇回、聴集十数万に及ぶ有様である。

同情会の事業もますます発展し、大正十四年には現在の場所青谷町に、地所三九〇坪を買入れてライト式の新屋を建築し、母子寮と託児所愛児園を開設した（地所、工事費、設備費共に五五、六〇〇〇余円であった）。

ここに婦人救済の聖堂は完備された。そしてノブの活動はますます旺んとなり、一身を投げ出して社会悪と戦った。停車場や埠頭で迷う少女たちが、悪い車夫や桂庵にだまされて誘拐されようとするのを救い出しただけでも相当な数である。また、肉体の牢獄である私娼窟や遊郭の虐げられた女たちのために、あらゆる迫害と面しつつ解放を叫んだ。それは命がけの戦いであったが、そのため、或る時は深夜新館の窓硝子をメチャメチャに石で叩き壊されたり、或る時は救いを求めて逃げて来た抱え女を、追跡して事務所に乱入した暴漢に、ピストルをさしむけられたりした。また、或る時は、演説会の会場で、棍棒を持ち、ドスを懐中にしのばせた暴力団に、ぐるりと囲まれたが、ノブは平然として「わたしは初めから、社会のため、可哀そうな女のために、命をかけてこの仕事をやっているのだ。わたしの運動が悪いと、はっきり言い切れるんなら、わたしを殺したらいい」と、開き直った。この然たる態度に、さすがの暴漢たちもひるんでしまったというが、このようなあぶない白刃の下を、彼女は十七回もくぐって来たのだ。

愛児園の子供の家庭には、保母をつれて一軒一軒訪問をし、会の本部にも母たちを招き、ちらしずしをつくってもてなしたりした。男まさりのノブではあったが、深い信仰から滲み出る、利己の全くない愛は、虐げられた女たちを、温めてあまりあるのであった。そしてまたノブは、いくら忙しくても伝道を忘れなかった。同情会で働いている職員、母子寮のお母さんたちを部屋に集め、毎日「日々の糧」を読み、伝道家庭集会を開いた。

事業の盛大になるにつれて、宮内省からは何度も御下賜金があったが、昭和四年十一月には、新宿御苑の観菊会にノブは招待された。民間婦人では最初であった。ところが、昭和八年七月ごろから彼女はまったく耳が聞こえなくなってしまったのである。補聴器でも用を足さないので、いつも筆談用として、廃物の紙片と筆を用意して相手に書いて貰い、ノブの方は大きな声で答えた。

昭和十年は同情会創立二十周年であったが、その記念出版「二十年史」に、山室軍平は、「世に男勝りというものがありとすれば、あらゆる善き意味に於いて、それは、神戸婦人同情会の城ノブ女史のことであると思う。この基督に対する堅き信念、弱者に対する熱烈たる同情、所信を行する勇気等は、いずれも世の有髯男子をして、後に若たらしむるものがある。創立以来二十年を経て、その今日までに取扱はれたる人数は二万二千名に達し、当初からの収容人数三、〇〇〇名、受洗者二八〇名、日曜学校生徒現在数一二〇名、保育児童は日毎に二五〇名という。ただそれだけ聞いても、これが如何に偉大にして成功せる、人道的奉仕であるかを察するに余りある……」と書き、賀川豊彦は、「……女史の祈りは弱者の救いのためであった。そして女史の祈りはきかれた。誠に、神は真実なるものの祈りをきき給う。幾万の日本男子が成し得なかったことを、女史は細腕一本でなしとげた……」と述べている。

昭和十五年、ノブは藍綬褒章を受けた。しかし第二次世界大戦で、昭和二十一年六月の空襲で、三十年の血と汗と涙の結晶である会館は、一夜にして灰と化してしまったのである。紅蓮の炎の底で七十五歳のノブは、必死の指導を続けて収容者の救出にあたった。幸い収容者全員無事であったが、彼女は崖から落ちて足を痛め、歩行が困難となった。しかし、再起への意志は鋼鉄のように強く、万難にひるまぬ彼女は、ただちに粗末ながら借家を手に入れて青谷寮の事業を継続する一方、尼崎市園田にあった元兵舎を借り受けて、同情会の園田寮を開設し、母子の家、子供の家、愛児園を経営、戦後の哀れな家なき母と子のために、愛の手をさしのべたのである。

この復興のさなか、昭和二十二年十一月全国社会福祉大会のためにノブが上京した時、突然、陛下からお召しをうけた。彼女は銘仙のよれよれの着物に、草履をはいて吹上御苑に参上したが、ノブのあぶなげな足どりに、皇后陛下が思わず手を差しのべられたという。両陛下からお言葉をいただいたが、ノブにはさっぱり聞こえず、付き添いの人が筆談してやっと分かり、感涙にむせんだそうである。

ノブの必死の努力と、それを支える多くの人々の献金とによって、婦人同情会は立派に復

両陛下の御視察（1956年10月28日）

興した。そして、社会福祉行政の進展に伴って事業はますます発展拡大していった。

四十周年に当たる昭和三十一年には、両陛下が同情会を御視察になり、施設をつぶさに御覧になったが、八十五歳のノブは、紋付、袴で、杖をたよりにお出迎えをしたが、その感激はいかばかりであったことか——恐らく感涙にむせんだことであろう。

それから三年後の昭和三十四（一九五九）年十二月二十日、ノブは八十八歳で安らかに召天したのである。葬儀は二十八日、神戸栄光教会で行われ、参列者は聖堂に溢れ、葬儀委員長は河上丈太郎がつとめた。

城ノブの墓は、芦屋市立霊園にある。御影石の墓碑には「与えて思わず、受けて忘れず」と、自筆の文字が刻まれている。

【引用文献・参考文献】

神戸婦人同情会「二十年史」、清閑寺健「摩耶山麗の聖女」、小田直蔵「社会事業夜話」、高見沢潤子「二〇人の婦人たち」、基督教新報その他

城ノブについては、昭和四十六（一九七一）年、兵庫県社会福祉協議会刊行の「福祉の灯／兵庫県社会事業先覚者伝」城ノブの記載部分３１４～３２４頁から転載。

編集後記

本書「社会福祉をけん引する人物　城純一」の企画が進み、多忙の中、対談を終えることができましたが、まとめるのに少し時間がかかってしまい、編集者として努力が足りなかったと反省しております。

城純一氏と塚口伍喜夫氏の対談は、兵庫県の同じ時期の社会福祉を担ってこられたこともあり、お二人だからわかり合えることや塚口氏だから聞くことができることも多くまとめあげることができたと思っております。特に社会福祉法人の経営者は自らの法人だけでなく、周りの問題を抱える法人の立て直しや手助けをする使命を負っていることを改めて考えさせられました。また、対談の中でライフワークのボランティアについてなど聞くことができ、城氏の新たな一面を知ることができました。

時代の変化の中で福祉のサービスや担い手が変わったとしても、精神が受け継がれていれば、変わらず地域に必要とされる社会福祉法人を続けることができるいうことを学ばせていただきました。

城純一氏は、多くを語る社会福祉法人経営者ではありませんが、ボランティアや地域貢献など自らの行動で経営者のあるべき姿を社会に示されておられるのではないかと思いました。

最後に出版に際してご尽力いただいた大学教育出版の佐藤さん、社さんに厚くお礼申し上げます。

編集者　野嶋　納美
辻尾　朋子

《対談者》

城　純一（じょう　じゅんいち）

現職　社会福祉法人 神戸婦人同情会 理事長
社会福祉法人 恵泉寮 理事長
兵庫県社会福祉法人経営者協議会 監事
全国母子生活支援施設協議会 近畿ブロック副会長
社会福祉法人 神戸市社会福祉協議会 監事
社会福祉法人 神戸市灘区社会福祉法人 理事
特定非営利活動法人 スペシャルオリンピックス日本 兵庫 理事
芦屋観光協会 会長
芦屋市霊園協力会 会長

経歴　昭和42年からベル青谷施設長、平成２年から社会福祉法人 神戸婦人同情会 理事長
昭和56年から平成22年まで日本福祉施設士会理事、副会長を歴任

塚口　伍喜夫（つかぐち　いきお）

現職　社会福祉法人 ささゆり会 理事長
略歴　兵庫県社会福祉協議会事務局長 九州保健福祉大学社会福祉学部教授、流通科学大学 サービス産業学部教授を経て、現職

《編集者》

野嶋　納美（のじま　なつみ）

現職　特定非営利活動法人 福祉サービス経営調査会 副理事長

辻尾　朋子（つじお　ともこ）

現職　流通科学大学 社会福祉実習助手

社会福祉を牽引する人物　城 純一

2017年３月31日　初版第１刷発行

■編 集 者── 野嶋納美・辻尾朋子
■発 行 者── 佐藤　守
■発 行 所── 株式会社 大学教育出版
〒700-0953　岡山市南区西市855－4
電話(086)244-1268(代)　FAX(086)246-0294
■D　T　P── 難波田見子
■印刷製本── サンコー印刷(株)

ISBN978－4－86429－447－8